T0396665

Para Helena y su corazón naturalista.
S.G.

Para Pachi y Pablo, por educarme en el amor a la vida.
G.F.

¿QUÉ ES EDICIONES IAMIQUÉ?

ediciones iamiqué es una pequeña empresa argentina manejada por una física y una bióloga empecinadas en demostrar que la ciencia no muerde y que puede ser disfrutada por todo el mundo. Fue fundada en 2000 en un desván de la Ciudad de Buenos Aires, junto a la caja de herramientas y al ropero de la abuela. ediciones iamiqué no tiene gerentes ni telefonistas, no cuenta con departamento de marketing ni cotiza en bolsa. Sin embargo, tiene algo que debería valer mucho más que todo eso: unas ganas locas de hacer los libros de información más innovadores, más interesantes y más creativos del mundo.

Textos: Santiago Ginnobili
Corrección: Laura Junowicz
Ilustraciones: Guido Ferro
Edición: Carla Baredes e Ileana Lotersztain
Diseño: Javier Basile

©ediciones iamiqué, 2022
info@iamique.com.ar www.iamique.com.ar

Primera edición: febrero de 2022
Tirada: 3000 ejemplares
I.S.B.N.: 978-987-4444-52-3
Queda hecho el depósito que establece la ley 11.723
Impreso en Argentina. Printed in Argentina
Todos los derechos reservados. Prohibida la reproducción parcial o total de esta obra, en cualquier medio y soporte, sin la autorización previa y por escrito de sus editoras.

Ginnobili, Santiago
Una gran familia / Santiago Ginnobili ; Ilustrado por Guido Ferro. - 1a ed ilustrada. - Ciudad Autónoma de Buenos Aires : Iamiqué, 2022.
32 p. : il. ; 26 x 20 cm.

ISBN 978-987-4444-52-3

1. Filosofía de la Ciencia. 2. Ciencia para Niños. 3. Ciencias Naturales.
I. Ferro, Guido, ilus. II. Título.
CDD 576.8011

Santiago Ginnobili Guido Ferro

una GRAN familia

Te voy a contar una historia. Pero no una historia cualquiera. Te voy a contar la historia más maravillosa. La de toda la vida. La tuya, la mía, la nuestra. Veo en tu mirada que eres una persona curiosa. Las personas curiosas se hacen muchas preguntas y a veces no les alcanzan las respuestas que encuentran en los libros, que les dan en la escuela, que les brinda su familia... Entonces, buscan respuestas mejores y nuevas.

A veces, las personas curiosas plantean preguntas que nunca nadie había planteado antes. Preguntas cuyas respuestas no están en ningún lado. Entonces, hay que buscarlas. Hay que ponerse a trabajar, hay que viajar, observar, recolectar, saborear, tocar, cavar, trepar.

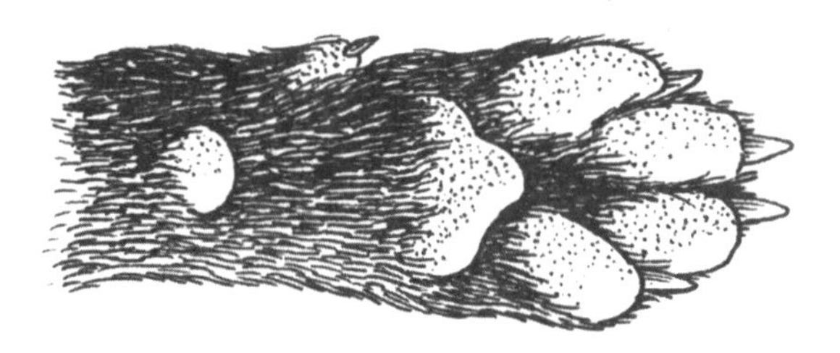

¿Hay algún animal en tu casa? ¿Cuántos dedos tiene? ¿La misma cantidad que tú? ¿Por qué tienes 5 dedos en cada mano? ¿Podrías tener 8? ¡Sería genial para tocar el piano! ¿Por qué no tenemos tentáculos como el pulpo? ¿Por qué no podemos volar o respirar bajo el agua? ¿Por qué somos como somos?

Voy a darte respuestas a varias de estas preguntas. No sé si son las respuestas definitivas, pero son las que tenemos por ahora. Las respuestas más bellas e interesantes.

Hace tiempo hubo un niño que tenía una mirada como la tuya. Se llamaba Charles, Charles Darwin. Nada le gustaba más que los animales y las plantas; se pasaba el día detrás de todo lo que estuviera vivo. Y como tú, todo el tiempo preguntaba.

Fue creciendo y estudió, aprendió, conoció personas tan curiosas como él, de quienes escuchó historias maravillosas que le ayudaron a pensar mejor. Pero nunca quedaba satisfecho. ¿Qué hizo entonces? Viajó, observó, recolectó, saboreó, tocó, cavó, trepó. Se subió a un barco que dio una vuelta alrededor del mundo. Se pasó años en ese barco, mareado, en mares peligrosos, en tierras peligrosas.

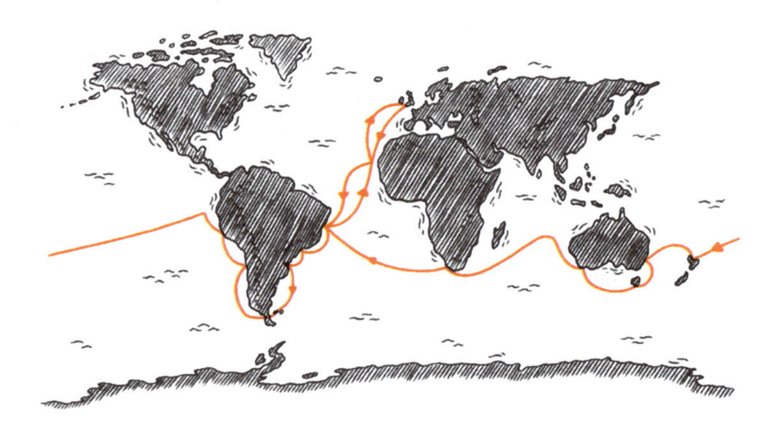

Años después, cuando ya tenía un montón de hijas e hijos, Darwin seguía pensando en ese viaje, seguía haciendo experimentos y observaciones, ahora, en la comodidad de su hermosa casa.

Le pasaron cosas lindas... y cosas feas. Como a ti, como a todas las personas. Pero nunca dejó de investigar, de preguntar y preguntarse, y lo hizo siempre con gran valentía. Se le ocurrieron respuestas novedosas que nos ayudaron a entender mejor quiénes somos y de dónde venimos. Y nos mostró que el mundo es más complejo, bello e interesante de lo que se creía.

Para empezar a hurgar en las ideas de Darwin,
imagínate en un parque. ¿Qué encuentras?
Plantas, piedras, animales, animales vestidos...
Concéntrate en los animales, en los que se mueven
(bueno, las plantas también se mueven, pero muy lento).
Los que se mueven rápido.
Algunos, pequeños, son duros por fuera y blandos por
dentro, como los grillos y las hormigas.
Hay otros que son más bien pegajosos y blanditos,
como los caracoles y las babosas. Los caracoles son muy
parecidos a las babosas, pero tienen caparazón.
Hay otros, como las palomas y los perros, que tienen
las partes duras adentro: los huesos. ¿Y los humanos?
Los humanos también tenemos las partes duras adentro
y por fuera somos blanditos.

FIGURA 1. **ANIMALES QUE SE ENCUENTRAN EN UN PARQUE**

LA PENSADORA

Tócate los huesos. Tócate las costillas en el pecho. Ahora, tócate la espalda. En el medio de la espalda tienes un montón de huesitos, uno encima del otro. Eso se llama "columna vertebral" y cada huesito es una vértebra.

¿Recuerdas haber visto alguna vez ese montón de huesos, uno arriba del otro, en otro lado? Los peces, los gatos, los perros, los humanos, los pájaros..., todos tenemos columna vertebral. Los caracoles, las arañas, las plantas, los hongos, no. ¿Por qué?

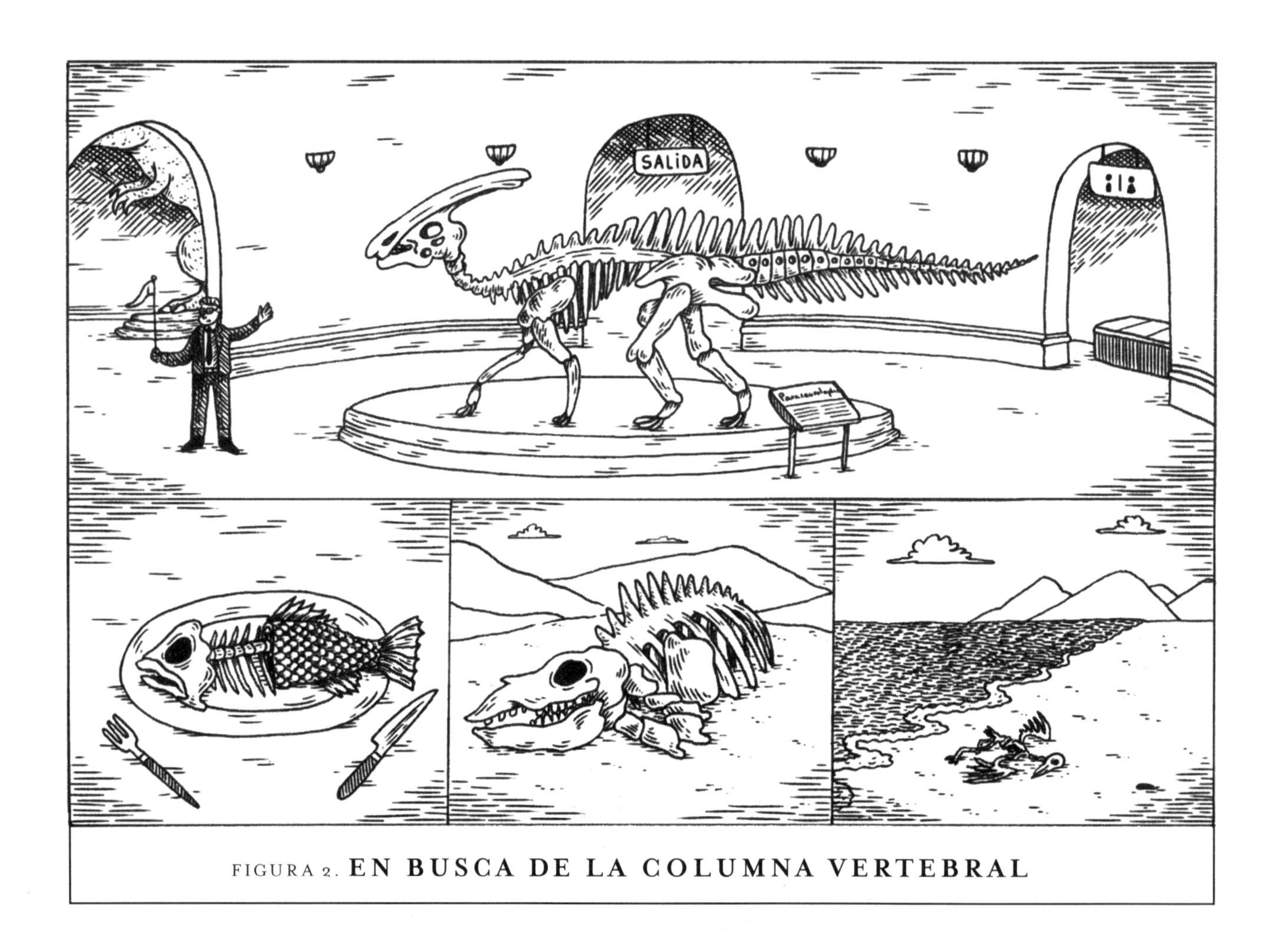

FIGURA 2. **EN BUSCA DE LA COLUMNA VERTEBRAL**

Si miras los animales con columna vertebral, pasa algo curioso. Todos son parecidos: la cabeza en un extremo y, adosados a la columna vertebral, patas, brazos, piernas o aletas. Como si todos hubieran sido armados agregándoles partes a una columna vertebral: cuatro pares de patas..., dos alas y dos patas... De hecho, en la época de Darwin, mucha gente pensaba que los vertebrados habían sido creados de ese modo.

¿Por qué algunas personas se parecen más que otras? ¿Por qué las personas de una misma familia suelen compartir algunos rasgos? ¿Por qué la gente que vive en el mismo país se parece más entre ella?

¿Conoces hermanos que se parezcan muchísimo entre sí? Se parecen porque tienen la misma mamá o el mismo papá. Tal vez también se parecen a algunos primos y primas, aunque un poco menos. En ese caso, el parecido se debe a que comparten abuela o abuelo. Quizás haya alguna prima segunda o primo segundo con quienes compartan ciertos rasgos. En ese caso, el parecido se debe a que tienen bisabuela o bisabuelo en común.

Si sigues ampliando la familia y retrocediendo en las generaciones, llegarás a que todos los humanos compartimos tataratataratatataratatara... abuela o abuelo. O, como se suele decir, compartimos ancestros. Sí, todas y todos: la cantante, el verdulero, la policía, la jueza, el escritor, el tenista..., todas y todos somos parientes. Algunos somos parientes más cercanos, y por eso nos parecemos más. Otros, más lejanos, y por eso nos parecemos menos.

LÁMINA 1. LA GRAN FAMILIA HUMANA

Darwin, como mucha gente de su época, pensaba, justamente, que todos los humanos somos una gran familia. Esta idea escandalizaba a muchas personas, pero realmente parece la manera más sencilla y natural de explicar los parecidos.

Darwin se hacía todavía más preguntas: ¿cómo habrán sido los primeros humanos? ¿De qué color tendrían la piel? ¿Cómo hablarían? ¿Con qué soñarían? Y, pensando en estas cosas, se le ocurrió la idea más sorprendente. La idea que, justamente, te quiero contar.

Los humanos nos diferenciamos entre nosotros en cuestiones de detalle, en nuestro aspecto, pero somos todos muy parecidos. ¿Y qué hay del resto de los animales? ¿Somos tan diferentes a ellos? Los chimpancés, los orangutanes y los gorilas, por ejemplo, son más peludos que los humanos, pero bastante parecidos, ¿no?

Mira la mano de un chimpancé. Fíjate cómo acaricia, cómo fabrica, cómo manipula, cómo crea. Míralo jugar con sus hijos. Míralo a los ojos. De pronto no parece tan raro considerarlo parte de la familia, ¿verdad? Más bien, parecería raro no hacerlo. Y casi que se cae de madura la idea de que chimpancés, orangutanes, gorilas y humanos somos todos parientes.

FIGURA 3. **GRANDES SIMIOS**

En 1834 llegó a Inglaterra el primer orangután. Era una hembra a la que arrancaron de su hábitat natural, la alejaron de su grupo, la vistieron y la encerraron en un zoológico. Y le pusieron un nombre: Jenny.
Jenny tenía unos pocos años. Cuando Darwin la conoció, se sorprendió frente a su inteligencia, al modo en que actuaba. Vio cómo Jenny hacía un berrinche porque quería una manzana, como cualquier niña o niño. Ese ser maravilloso parecía exhibir conductas semejantes a las nuestras y parecía tener las mismas emociones.

LÁMINA 2. **MAMÍFEROS EN FAMILIA**

¿Y qué hay de los mamíferos? ¡Qué grupo más hermoso! Cuidamos de nuestras crías, les damos calor a la hora de dormir, las alimentamos con nuestra propia leche, jugamos con ellas, les enseñamos lo que aprendimos.
Los mamíferos somos especialistas en crianza. Aunque algunos vuelen, otros naden, otros trepen y otros caminemos, somos muy parecidos. ¿Será que todos los mamíferos somos una gran familia?

¿Y por qué detenerse ahí? Piensa otra vez en la columna vertebral que compartimos con tantos animales... ¿Ya te imaginas lo que voy a decir? ¡Claro que sí! ¿No será que todos tenemos columna vertebral porque nuestros ancestros tenían columna vertebral? ¿No será que todos los animales con columna vertebral somos una gran familia?

Una vez que empezamos a pensar de este modo, no hay por qué detenerse. En aquel momento, Darwin no estaba seguro de si toda la vida en la Tierra estaba emparentada (aunque lo sospechaba). Hoy la ciencia nos dice que todos los seres vivos que conocemos formamos una única gran familia.

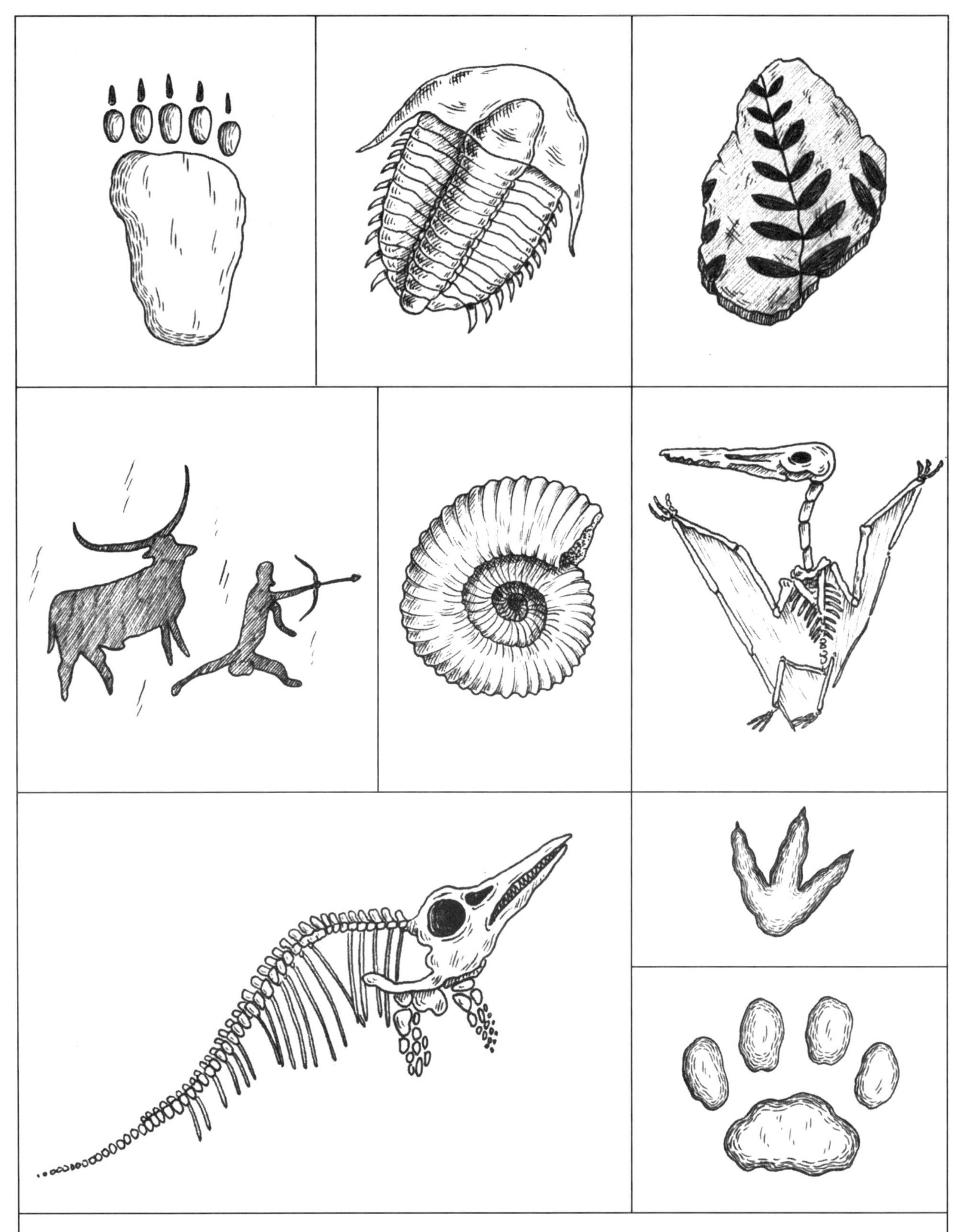

LÁMINA 3. **PISTAS QUE DEJARON NUESTROS ANCESTROS**

¿Cómo serían esos ancestros de los que todos los vertebrados descendemos? Lo único que podemos sospechar es que tenían una columna vertebral. Pero ¿cómo lucirían? ¿Cómo se comportarían? ¿Cómo se desplazarían?

Los paleontólogos y las paleontólogas han encontrado un montón de fósiles que permiten vislumbrar cómo eran los seres vivos que poblaron la Tierra en el pasado. Descubrieron, por ejemplo, que en los comienzos de la vida, hace muchísimo tiempo, los organismos eran muy diferentes a los que existen hoy. Y hallaron unos pequeños animalitos acuáticos con algo parecido a una columna vertebral. ¿Habrán sido ellos los ancestros de todos los vertebrados? Tal vez sí...

Sin embargo, en muchos casos, nuestros ancestros no dejaron fósiles, o tal vez todavía no los encontramos. Además, no todo queda fosilizado, como, por ejemplo, el color que tenían. Entonces, solo podemos imaginarlos a partir de los rasgos que compartimos entre todos los vertebrados y que, seguramente, heredamos de ellos. Como si tratáramos de imaginar cómo lucen la mamá y el papá de dos niñas a partir de aquellos rasgos en los que se parecen.
Por ejemplo, todos los vertebrados bostezan. ¿Será que el ancestro de todos los vertebrados bostezaba?

¿Cómo fue que a partir de esos pequeños animales con algo parecido a una columna vertebral llegamos a tener la diversidad de vertebrados que habitan hoy la Tierra?
La respuesta parece estar casi a mano. Piensa en los cachorros de una pareja de perros: se parecen a sus padres, pero no son exactamente iguales. Hay de diferentes colores y de diferentes tamaños; algunos más mansos y otros más juguetones. Cuando esos cachorros crezcan, podrán tener sus propios hijos, que se parecerán a sus padres y también tendrán algunas diferencias, con ellos y con sus hermanos.

Darwin pensó que, probablemente, algo parecido ocurrió con esos pequeños animalitos con columna vertebral: tuvieron hijos un poco distintos a ellos, y sus hijos tuvieron hijos a su vez distintos, que tuvieron hijos a su vez distintos. Así, a lo largo del tiempo, mucho mucho tiempo, estas pequeñas variaciones se fueron acumulando y dieron lugar a organismos muy diferentes: algunos desarrollaron alas, en otros las aletas se convirtieron en patas. Y así pudieron salir del agua y conquistar la tierra. Algunos se volvieron enormes y vegetarianos; otros, expertos corredores y cazadores; otros se instalaron en los árboles.

Algunos descendientes de los animales que habían salido del agua, cuyas aletas se habían convertido en patas, volvieron al agua... y las patas volvieron a transformarse en aletas, como ocurrió con los delfines y las ballenas. Y entre todos estos cambios, surgimos nosotros, los humanos, usando dos patas para caminar y las otras dos para tocar, acariciar, esculpir, manipular, hacer música, escribir, construir.

¿Te animas a responder ahora por qué tenemos 5 dedos?
Hace muchísimo tiempo vivió un vertebrado terrestre del cual descendemos que ¿cuántos dedos tenía? Exacto: ¡5!

Los seres vivos cambian lentamente pero muchísimo a lo largo del tiempo. Hoy llamamos a este proceso *evolución* y pensamos que toda la vida en la Tierra es una gran familia que evolucionó a partir de formas muy sencillas.
Cuando Darwin tuvo esta idea de que las "nuevas" especies provienen de otras especies que ya existen, dibujó algo así en su libreta:

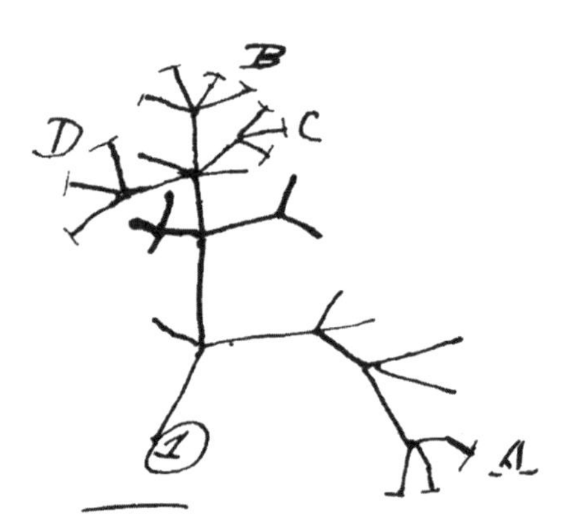

Y desde entonces, los científicos y las científicas que siguieron su ejemplo fueron agregando ramas y ramas al gigantesco árbol de la vida.
En aquella época a muchas personas les costó aceptar que la vida en la Tierra hubiera cambiado tanto, que todos los seres vivos formáramos una gran familia y, especialmente, que los humanos hubiéramos evolucionado a partir de otros animales.

En este mundo en que vivimos, todo cambia. Las selvas se convierten en desiertos... y los desiertos, en selvas. Continentes enteros se congelan y se derriten, y se vuelven a congelar, y otra vez se derriten. En la cima de las montañas más altas pueden encontrarse caparazones de caracoles marinos, porque alguna vez esas montañas estuvieron bajo el mar.

Los cambios son tan lentos que parecería que no ocurren. Pero si aceleráramos mucho el tiempo, la Tierra, que parece rígida y estática, se volvería móvil como las olas del mar.

Si conocer el pasado es difícil, ¡quién sabe qué nos depara el futuro! ¿Cómo será el mundo dentro de millones de años? ¿En qué nos convertiremos? ¿Qué seres poblarán entonces la Tierra? ¿Habrá descendientes de los humanos? ¿O nos habremos extinguido?
No tiene importancia, porque sean cuales sean los seres vivos del futuro, continuarán siendo de nuestra familia, que sigue agrandándose y evolucionando.

A Darwin se le ocurrieron muchas ideas más. Sus teorías fueron adoptadas por un montón de gente. Muchísimos científicos y científicas siguieron su ejemplo y comenzaron a observar la naturaleza a su modo, a pensar como él había enseñado a pensar.
Desarrollaron sus ideas, las cambiaron, las ampliaron. Incluso, descubrieron cosas maravillosas que el mismo Darwin jamás había imaginado...

¿Sospecharía Darwin, en el pequeño invernadero de su casa, rodeado de plantas carnívoras y orquídeas, que sus ideas cambiarían el mundo? ¿Que cambiarían el modo en que pensamos a los otros animales y nuestro lugar en la naturaleza?

Sería lindo poder contárselo, pero no se puede. No podemos hablar con nuestros antepasados, solo leerlos e imaginar lo que sentían. Y tomar como ejemplo el modo en que pensaron, valerosa y originalmente.

12

¿Algo no te convence de lo que te conté? Está bien, nunca creas todo lo que te dicen. Estas ideas, estas herramientas, pueden ser perfeccionadas. Pueden, incluso, abandonarse y ser reemplazadas por otras. Porque el conocimiento se construye en forma colectiva y siempre puede mejorarse. Eso hizo Darwin, y eso seguimos haciendo.

Si te gustan estas ideas, son tuyas. Puedes apropiártelas, modificarlas, desarrollarlas, ampliarlas y, tal vez, contárselas a tus amigas, a tus alumnos, a tus sobrinas, a tus hijos. Porque somos mamíferos y les transmitimos a nuestras crías lo que nos enseñaron y aprendimos.

O tal vez quieras cambiar estas ideas por otras mejores, por unas que se te ocurran a ti. Quién sabe qué nuevas preguntas puedas hacerte. Tal vez preguntas que todavía nadie se haya planteado.

* * *

SANTIAGO nació en Bahía Blanca, Argentina, en 1975. Desde muy pequeño, mostró un gran interés por la naturaleza, aunque a la hora de formarse, se decidió por la filosofía. Cuando leyó por primera vez *El origen de las especies*, se convenció de que Charles Darwin era el científico y filósofo más importante que había leído. Hoy Santiago es profesor en la Universidad de Buenos Aires y en la Universidad Nacional de Quilmes, e investigador en CONICET en el área de filosofía de la ciencia. Fue tratando de explicarle las ideas de Darwin a su hija Helena que se le ocurrió escribir este libro.

GUIDO nació en Buenos Aires, Argentina, en 1986. De pequeño le gustaba dibujar cosas que veía o imaginaba: familiares, casas, legionarios romanos, animales... En aquel entonces veía una y otra vez la película animada *Robin Hood* de Disney y así nació su pasión por los animales con forma humana. Aunque nunca dejó de dibujar, fue recién a los 27 años que decidió dedicarse a la ilustración. Hoy sigue dibujando animales como cuando era pequeño y también enseña a dibujar y a pensar con imágenes. Está convencido de que los humanos somos tan solo una parte de la gran familia que conforma la vida en el planeta y que, como a cualquier familia, tenemos que cuidarla.

CHARLES nació en Shrewsbury, Inglaterra, en 1809. Desde pequeño le gustaba coleccionar escarabajos, pescar y la vida en la naturaleza. Con poco más de 20 años, sin saber muy bien a qué se dedicaría, se embarcó en el HMS Beagle en una expedición que daría la vuelta al mundo con el objetivo de mejorar los mapas de la época. El viaje, que duró casi cinco años, le permitió aprender muchísimas cosas y convencerse de la evolución de los seres vivos. Propuso diversas teorías que aún forman parte de la biología actual, muchas de las cuales están reunidas en su libro más importante, *El origen de las especies*. Sus ideas fueron tan transformadoras que hoy se las conoce como "revolución darwiniana". Vivió casi toda su vida en una hermosa casa (que se puede visitar) con su esposa Emma y sus hijos e hijas.

Este libro se imprimió en febrero de 2022 en GRANCHAROFF IMPRESORES,
Tapalqué 5852, Ciudad Autónoma de Buenos Aires, Argentina.
impresores@grancharoff.com